Ursula Calis

Fränkische Spezialitäten

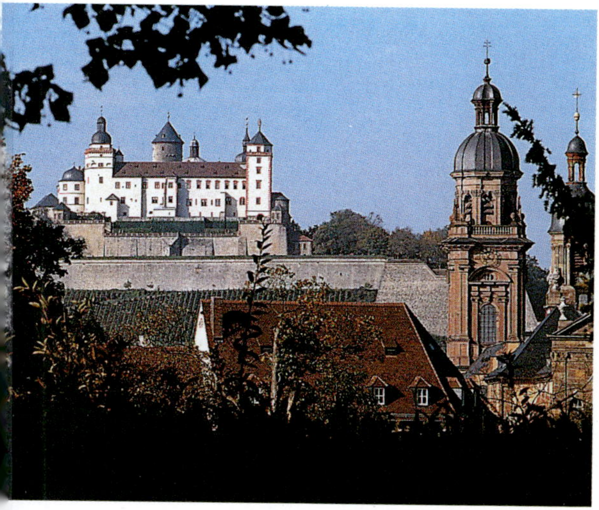

KOMPASS Küchenschätze

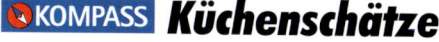

Ein Wort zuvor

Wer an Franken denkt, denkt vielleicht zuerst an die bekannten Städte wie Würzburg, Nürnberg oder an das berühmte, mittelalterliche Rothenburg und die zahlreich, großartigen Sehenswürdigkeiten dieser Region.

Die Vielfalt der Landschaft – Höhen, Täler, Flüsse – und die abwechslungsreiche Architektur – Romanik, Gotik, Barock – begeistern genauso wie die vielfältigen Gerichte der fränkischen Küche. Sie vereinigt die Spezialitäten aus den drei Regionen: Ober-, Mittel- und Unterfranken. Die Kochkunst Oberfrankens zeigt eine enge Verwandtschaft zur benachbarten Oberpfalz, wohingegen in Mittelfranken insbesondere Wurstspezialitäten beheimatet sind. In Unterfranken dominiert der Weinanbau.

Der trockene, kernige Frankenwein genießt unter Kennern den Ruf, ein besonders edler Tropfen zu sein. Er wird meist in der typischen Weinflasche der Region, dem Bocksbeutel angeboten oder serviert. Die vielen gemütlichen Dorfgaststätten, Waldschänken und kleinen Wirtshäuser bieten zum Wein zahlreiche passende Spezialitäten. So gehört der „Zwiebelblootz" (Zwiebelkuchen) genauso dazu, wie eine herzhafte „Veschperla" (Brotzeit) mit dunklem Steinofenbrot und schmackhafter Wurst. Neben dem Wein wird in Franken aber auch gutes Bier gebraut. Das obergärige dunkle „Schlenkerla"-Rauchbier aus Bamberg oder das würzige Starkbier aus Kulmbach sind weit über die Landesgrenzen hinaus bekannt. Zum Bier gibt's dann etwas herzhaftes wie zum Beispiel die beliebten Nürnberger Bratwürste oder den „Schwärtelbraten" mit Kraut.

Neben den bekannten Wurst- und Fleischgerichten wird in Franken auch gerne heimischer Fisch verzehrt. Karpfen, gedünstet oder gebacken, sowie die kleinen Mainfische – „Meefischli" genannt – sind überaus beliebt. Neben Pikantem

hat aber auch Süßes seinen Stellenwert.

Dieses Buch bietet Ihnen eine breite Palette verschiedener, typisch fränkischer Spezialitäten: Suppen, „Veschperla" (Brotzeiten), Fleisch-, Gemüse- und Salatgerichte sowie die feinen Klöße. Mehlspeisen, Süßes und Gebackenes, in den letzten Kapiteln, vollenden die Rezept-Vorschläge dieser bodenständigen Küche.

Auf den nachfolgenden Seiten werden die besonders landestypischen Gerichte kurz beschrieben. Daran anschließend dient ein kleines „Küchenlexikon" als Sprachführer durch das Land, mit den typisch fränkischen Bezeichnungen aus dem Küchen- und Gastronomiebereich. So wird es Ihnen sicher leicht fallen, die verschiedenen „Fränkischen Spezialitäten" kennenzulernen und mit Freude nachzukochen. Dabei wünsche ich Ihnen stets gutes Gelingen und: „An Gut'n".

Ihre
Ursula Calis

Inhalt

Die besonderen fränkischen Spezialitäten

Die traditionsreiche fränkische Küche bietet eine Vielzahl von bodenständigen, teils aufwendigen, aber auch einfachen Gerichten. Neben den wichtigen Hauptspeisen mit Bratenfleisch und Beilagen, sind auch die **„Veschperla"** (Brotzeitspezialitäten) als Zwischenmahlzeit oder Abendessen überaus beliebt.

Ein ofenfrischer **„Zwiebelblootz"** (Zwiebelkuchen) oder ein **„Gerupfter"** (Käseaufstrich) passen vorzüglich zu einem guten Wein oder kühlem Bier. Natürlich gehört auch kräftiges Brot dazu, frisch aus dem Steinbackofen, mit knuspriger Kruste und typischem Aroma.

Vorab gibt's noch eine der beliebten **Suppen.** Die

wohl bekanntesten sind die **„Ranen" (Rüben)-Suppe**, die **Nürnberger Knoblauchsuppe** oder die bewährte **Alt-Fränkische Brotsuppe**.

Bäche und Flüsse liefern eine Vielzahl von Süßwasser-**Fischen**. In Franken kennt und schätzt man **Karpfen** und **Hecht,** die gerne gebacken, gebraten oder gedünstet serviert werden.
In Würzburg gibt's die kleinen **„Meefischli"** (Mainfische) – natürlich immer nur fangfrisch.

Franken ist aber auch das Land der guten **Würste.** Die Sortenvielfalt ist erstaunlich, am beliebtesten sind wohl die **Bratwürste,** welche man gerne über offenem Holzfeuer grillt oder im Essigsud als **„Blaue Zipfel"** zubereitet. Die Küche Frankens kennt sonst nur wenige, schnelle **Fleischgerichte** aus der Pfanne. Braten oder Geflügel brauchen Zeit. Ob geschmort, oder im Backofen zubereitet, eine gute Soße gehört dazu. Der **fränkische Sauerbraten** ist eine Delikatesse, so auch der **Nürnberger**

Schwärtelbraten (Schweineschulter), der mit Muße im Backofen zubereitet wird und dadurch eine schöne Kruste erhält. So entsteht keine Hektik und es bleibt genügend Zeit, in Ruhe die Beilagen und das **Gemüse** vorzubereiten. Neben dem fränkischen **Weinsauerkraut** sind **Blaukraut** und

Wirsing genauso beliebt, wie **Salate** mit Kartoffeln, Gurken oder roter Beete.

Die fränkische Küche spart nicht an Gewürzen: neben Pfeffer, Muskat, Majoran, gemahlenem Kümmel wird vor allem **Knoblauch** – in der Nähe von Nürnberg angebaut – besonders gern verwendet. Zum Fleisch gehört eine **Beilage.** Beliebt sind **Kartoffeln,** am besten natürlich aus Franken, die zu Salz- oder Pellkartoffeln, aber auch zu **Klößen** verarbeitet werden. Darüber hinaus kennt und schätzt man die **„Backers",** eine Art Reibekuchen aus rohen Kartoffeln.

Jedoch nicht nur Herzhaftes, auch Süßes ist in Franken beliebt. **„Möllschpeisen"** (Mehlspeisen), wie der saftige **„Kärschmännla"** (Kirsch-auflauf) oder die **Kartäuserklöße** werden vielfach auch als Hauptgericht serviert. **„Hollerkücheln"** (gebackene Holunderblüten) oder **Dämpfäpfel,** natürlich in Weinsoße, ergänzen jedes gute Essen. Mit Hefe entstehen leckere **Gebäcke** wie die zum Wein passenden **„Dätscher"** oder der überaus saftige **„Quarkblootz"** (Quarkkuchen).

Zu jedem Essen gehört ein kühles **Bier** oder ein trockener **Wein.** Von beidem hat Franken nur Bestes zu bieten.

Kleines Küchenlexikon

Backers	= Reibekuchen
Blaue Zipfel	= in Essigsud und Zwiebeln gegarte Bratwürste
Blaukraut	= Rotkohl
Blootz	= Blechkuchen, auch mit Zwiebeln, gesprochen: „Platz".
Bratreine	= Bratgeschirr, meist emailliert
Bratwurstbrät	= Bratwurstfüllung
Dätscher	= salziges Hefegebäck, passt gut zu Wein
Fleischküchla	= Frikadellen

Gelbe Rüben	= Möhren
Gerupfter	= Käseaufstrich
Halbseidene Klöße	= gekochte Kartoffelklöße
Hiffen	= Hagebutten
Holler	= Holunder
Hölwela	= Preiselbeeren
Kärschmännla	= Kirschauflauf
Knöchla	= Eisbein
Kraut	= Weißkohl
Krautwickerla	= Kohlrouladen
Kren	= Meerrettich
Lauch	= Porree
Meefischli	= kleine Mainfische
Moust	= einjähriger Wein
Preßsack	= Schwartenmagen
Rahm	= süße Sahne, Schlagsahne
Ranen, Rahnen	= rote Rüben, rote Beete
Rapunzel	= Feldsalat
Sauerbroutn	= Sauerbraten
Sauerrahm	= saure Sahne
Schwammerl	= Pilze
Schwärtelbraten	= gebratene Schweineschulter
Semmel, auch „Weckla"	= Brötchen
Semmelbrösel	= Paniermehl
Staubzucker	= Puderzucker
Topfen	= Quark
Veschperla	= Brotzeit
Weinbeeren	= Rosinen
Weißkraut	= Weißkohl
Wurzelwerk	= Gemüsemischung, bestehend aus: Karotte, Petersilie, Lauch, Sellerie und Petersilienwurzel
Zwetschgen	= Pflaumen

Wirsingeintopf

2 mittlere Zwiebeln

1 kg frischer Wirsing

500 - 750 g Kartoffeln

3 gelbe Rüben (Möhren)

Salz, weißer Pfeffer, Muskat

3/4 l Fleischbrühe

350 g gekochter Schinken oder Kasseler

1/4 l trockener, weißer Frankenwein

1 EL geh. Petersilie

● Die Zwiebeln schälen, grob hacken und in einem großen Topf in heißem Butterschmalz andünsten.

● Den Wirsing putzen, waschen und kleinschneiden. Die Kartoffeln schälen, würfeln, dann gründlich waschen. Die

gelben Rüben putzen und in Scheiben schneiden.

● Gemüse und Kartoffeln zu den Zwiebeln geben, kurz mitdünsten, dann würzen und die Fleischbrühe angießen.

● Den gewürfelten Schinken oder Kasseler dazu-

geben, untermischen und den Eintopf etwa 40 Minuten lang zugedeckt garen.
● Zuletzt mit Weißwein

und gehackter Petersilie abrunden, nochmals abschmecken. Heiß servieren.

Nürnberger Knoblauchsuppe

1 kleine Zwiebel	3/4 l kräftige Fleischbrühe
2 - 3 Knoblauchzehen	1/8 l süßer Rahm (Sahne)
2 EL Butter, 2 - 3 EL Mehl	Salz, weißer Pfeffer
1/4 l kalte Milch	1 Prise Muskat
1/8 l trockener Frankenwein	2 EL geh. Petersilie

● Zwiebel und Knoblauchzehen schälen, dann fein hacken und in der Butter glasig dünsten. Das Mehl darüberstreuen, gut durchmischen, dann mit Milch und Wein ablöschen. Kräftig durchrühren, mit Fleischbrühe auffüllen und auf niedriger Stufe sämig einkochen, dabei gelegentlich umrühren.

● Zuletzt den Rahm dazugeben, mit Salz,

Pfeffer sowie Muskat abschmecken und mit gehackter Petersilie bestreut servieren.

Interessant für Sie:
In Franken werden viele Gerichte gerne mit Knoblauch gewürzt. Nahe bei Nürnberg gibt es entsprechende Anbaugebiete. Obwohl der Boden dort karg und sandig ist, gedeihen verschiedenste Gemüsearten bestens.

Kerbelsuppe

ca. 30 g Butter	Salz, weißer Pfeffer
ca. 20 g Mehl	1 kräftige Prise Muskat
1 l Fleischbrühe	200 ml Rahm (süße Sahne)
100 g frischer Kerbel	20 g kalte Butter

● Die Butter in einen größeren Topf geben, langsam erhitzen, das gesiebte Mehl darüberstreuen und hellgelb anrösten. 3/4 l Fleischbrühe hinzufügen, einmal aufkochen und auf niedrigster Stufe ca. 15 Minuten köcheln lassen, dabei gelegentlich umrühren.

● Den Kerbel gründlich waschen, gut abtropfen lassen und unter Zugabe der restlichen Brühe im Mixer pürieren. Zur Mehlmischung geben, einmal aufkochen, ca. 5-8 Minuten ziehen lassen und würzen.

● Von der Kochstelle nehmen, Sahne und Butter einrühren. Kurz durchziehen lassen, dann servieren.

Herbstliche „Moust" (Most)-Suppe mit Schneeklößchen

400 ml weißer, trockener Frankenwein	Salz, weißer Pfeffer
400 ml Milch	2 - 3 EL Stärkemehl
1 kräftige Prise Muskat	200 ml Rahm (süße Sahne)
1/2 TL Zucker	1 Ei, etwas Zitronensaft

● 1/8 l Wein abmessen und beiseite stellen. Den restlichen Wein zusammen mit der Milch in einen Topf geben und langsam erhitzen. Mit Muskat, Zucker,

Salz sowie Pfeffer würzen.

● Das Stärkemehl zum abgemessenen Wein geben und gut durchmischen. Unter beständigem Rühren langsam zum Wein-Milchgemisch geben, einmal aufkochen lassen, dann von der Kochstelle nehmen.

● Eiweiß unter Zugabe von Zitronensaft steif schlagen. Rahm mit Eigelb verquirlen. In die heiße Suppe einrühren, diese auf Portionsschalen oder Suppenteller verteilen und mit kleinen Eischneeklöß-chen garnieren. Sofort servieren.

Tip:
In den Weinanbauregionen Frankens spielt der Wein bekanntermaßen eine wichtige Rolle. Seine Qualität wird gepflegt und geschätzt, auch für die Zubereitung dieser Suppe. Verwenden Sie daher keine „billige" Sorte – er könnte diese interessante Komposition nur verderben.

Interessant für Sie:
Der einjährige Wein wird in Franken als „Moust" bezeichnet.

Kräftige Weißkrautsuppe

1/2 Weißkrautkopf	1 TL Kümmel
1 mittlere Zwiebel	1 l Fleischbrühe
30 g magerer Speck	Salz, geschroteter Pfeffer
1 1/2 EL Butterschmalz	1/8 l trockener, weißer Frankenwein

● Den Weißkrautkopf putzen, den Strunk herauslösen, dann das Kraut fein schneiden, waschen und gut abtropfen lassen.

Die Zwiebel schälen, fein hacken. Den Speck würfeln. Beides in heißem Butterschmalz rösten, Kraut und Kümmel dazu-geben, mitdünsten, dann mit Fleischbrühe ablöschen.

● Einmal aufkochen, würzen, dann auf niedriger Stufe ca. 30 Minuten lang garziehen lassen, dabei gelegentlich umrühren.

● Von der Kochstelle nehmen, den Wein unterziehen und sofort servieren.

„Ranen" (Rüben)-Suppe

1 kg „Ranen" (rote Rüben)	1 TL Zucker
4 EL Obstessig	1/8 l Sauerrahm (saure Sahne)
1 l kräftige Rindsbrühe	
weißer Pfeffer, Salz	2 EL frischer Kerbel

● Die Ranen gründlich reinigen (am besten abbürsten), in einen großen Topf geben und mit Wasser bedeckt in ca. 50 Minuten – je nach Größe – weichkochen. Anschließend mit Hilfe eines Schaumlöffels herausheben, noch heiß schälen dann auskühlen lassen. Fein reiben, danach sofort den Essig untermischen, damit die Ranen ihre rote Farbe erhalten.

● Die Rindsbrühe erhitzen, das Ranenmus hinzufügen und mit Pfeffer, Salz sowie Zucker kräftig würzen. Einige Minuten lang durchkochen lassen.

● Den Sauerrahm unterziehen, nochmals abschmecken, auf vorbereitete Teller verteilen und mit frischem Kerbel garniert servieren.

Alt-Fränkische Brotsuppe

30 g Butterschmalz	Salz, weißer Pfeffer
40 g durchwachsener Speck, fein gewürfelt	1 Prise Paprikapulver
1 mittlere Zwiebel	1 Prise Majoran
1 Bund Suppengrün	4 EL Sauerrahm (saure Sahne)
200 g altbackenes, dunkles Bauernbrot	1 Knoblauchzehe
1 l kräftige Fleischbrühe	2 EL geh. Petersilie

● In einem größeren Suppentopf das Butterschmalz erhitzen, den Speck darin ausbraten. Geschälte, feingehackte Zwiebel sowie geputztes und kleingeschnittenes Suppengrün dazugeben. Das in dünne Scheiben geschnittene Brot darüber verteilen. Alle Zutaten gut durchrösten, dann mit kalter Brühe aufgießen und langsam, unter beständigem Rühren erhitzen, damit das Brot vollständig aufquellen kann.

● Die Gewürze dazugeben, dann die vorbereitete Suppe auf niedriger Stufe ca. 20 Minuten garen lassen.

● Sauerrahm, geschälten und gepreßten Knoblauch unterrühren und mit gehackter Petersilie bestreut servieren.

Bamberger Braunbiersuppe

2 EL Butter	1/2 TL gem. Kümmel
3/4 l dunkles Bier	etwas Muskat
1/4 l Fleischbrühe	1 Eigelb, 3 - 4 EL Rahm (süße Sahne)
Salz, weißer Pfeffer	Butter, Weißbrotwürfel
1 Prise Zucker	

Die Butter in einem größeren Topf schmelzen,

Bier und Fleischbrühe dazugeben und unter

beständigem Rühren langsam erhitzen, dann kräftig würzen.

● Den Topf von der Kochstelle nehmen, Eigelb mit Rahm verquirlen und die Suppe damit verfeinern, in Butter geröstete Weißbrotwürfel dazugeben und die Biersuppe sofort servieren.

Tip:
Geben Sie 1 Stück unbehandelte Zitronenschale zum Bier dazu, dann schäumt es nicht so leicht.

Fränkischer „Zwiebelblootz"

<u>Teig:</u>
200 g Mehl, 1/4 TL Salz

20 g Hefe

1/2 TL Zucker

etwa 1/8 l lauwarme Milch

30-40 g weiche Butter

<u>Belag:</u>
800 g Zwiebeln, in Ringe geschnitten

3-4 EL Schmalz

100 g feingewürfelter, magerer Räucherspeck

Salz, weißer Pfeffer, Muskat

1 EL Kümmel nach Belieben

2 - 3 Eier, 1/8 l Rahm

Butter für das Backblech

● Aus den angegebenen Zutaten, wie im Rezept „Dätscher" (S. 67) be- schrieben, einen Hefeteig zubereiten und gehen lassen.

● Inzwischen den Belag vorbereiten. Hierzu die Zwiebelringe in heißem Schmalz weich dünsten, den Speck dazugeben und würzen. Etwas abkühlen lassen. Eier mit Rahm verquirlen und daruntermischen.

● Ein Backblech mit Butter einfetten, den Teig darauf ausrollen, mehrmals mit einer Gabel einstechen. Den Zwiebelbelag darauf verteilen und nochmals

ca. 15 - 20 Minuten gehen lassen.

● Inzwischen den Backofen auf 190 - 210°C vorheizen.

● Den „Zwiebelblootz" in 25 - 35 Minuten backen. Lauwarm servieren.

Interessant für Sie:
Der „Zwiebelblootz" wird warm gegessen und vor allem gern zu „Moust" (einjähriger Wein) und zum „Federweißen" gereicht.

Ochsenmaulsalat

1 Ochsenzunge mit ca. 600 g	Marinade: 1 Zwiebel
Salz	6 - 8 EL Obst- oder Weinessig
1 Bund Suppengrün	etwas Wasser
1 mittlere Zwiebel	4 - 6 EL Öl
1 - 2 Lorbeerblätter	1 Prise Zucker
6 Pfefferkörner	Salz, weißer Pfeffer
1 - 2 Nelken	

● Die Zunge kurz kalt abspülen, mit Salz einreiben und mit dem geputzten Suppengrün, der geschälten, geviertelten Zwiebel, Lorbeerblatt, Pfefferkörner und den Nelken in einem größeren Topf einmal aufkochen. Anschließend die Koch-

stelle herunterschalten und die Zunge etwa 2 Stunden lang garziehen lassen.

● Die Zunge herausheben, kalt abschrecken, dann häuten und nach dem vollständigen Abkühlen in sehr feine

Scheiben oder Streifen schneiden.

● Für die Salatmarinade die Zwiebel schälen und fein würfeln. Essig, Wasser, Öl, Zucker und Gewürze verrühren. Alle Zutaten mit den Zungenscheiben oder -streifen mischen und zugedeckt einige Stunden lang im Kühlschrank durchziehen lassen.

Tip:
Dekorieren Sie den Salat mit gekochten Eischeiben und etwas frischer Petersilie. Servieren Sie ihn dann mit knusprigen Bratkartoffeln.

Saure „Zipfel" aus Mittelfranken
(Abb. Seite 17, oben)

8 Paar fränkische Bratwürste oder Schweinsbratwürste	Salz, 2 Nelken
	2 Lorbeerblätter
Sud:	1 1/2 TL zerstoßene Pfefferkörner
3/4 l Wasser	
1/4 l bester Obstessig	einige Wacholderbeeren
4 Zwiebeln	1 EL Zucker
2 - 3 gelbe Rüben (Möhren)	375 ml trockener, weißer Frankenwein
1 kleine Petersilienwurzel	

● Die Bratwürste kurz kalt abspülen und mit Küchenpapier trockentupfen.

● Für den Sud Wasser mit Obstessig aufkochen. Die geschälten, in Ringe geschnittenen Zwiebeln sowie geputzte, gestiftelte gelbe Rüben und Petersilienwurzel dazugeben. Würzen, dann auf niedriger Stufe ca. 15 - 20 Minuten lang köcheln lassen. Zuletzt den Wein angießen und leicht miterwärmen.

● Den Topf von der Kochstelle nehmen, die vorbereiteten Bratwürste hineingeben und gut mit Sud bedeckt ca. 10 Minuten lang darin ziehen lassen.

● Je 2 Paar Würste auf tiefe Teller verteilen und mit etwas Sud und den Gemüsezutaten garniert servieren. Dazu reichen Sie am besten ein kräftiges Bauernbrot.

Interessant für Sie:

Die guten, würzigen Bratwürste aus vielen Regionen Frankens sind weit über die Landesgrenzen hinaus bekannt und beliebt. Die „Sauren Zipfel" sind eine besondere Spezialität, die gerne als Brotzeit gereicht wird. Den Namen verdankt das Gericht der bläulichen Farbe, welche die im Sud gegarten Würste annehmen.

„Gerupfter" (Käseaufstrich)

(Abb. Seite 17, unten)

200 g gut gereifter Camembert	1/2 TL gem. Kümmel
200 g reifer Brie	1/2 TL edelsüßer Paprika
80 g Butter, 2 EL Bier	Salz, weißer Pfeffer
1 größere Zwiebel	Kümmel, Zwiebelringe oder geh. Schnittlauch als Garnitur
1 Knoblauchzehe	

● Camembert und Brie grob würfeln, dann in eine Schüssel geben. Butter sowie Bier dazugeben. Alles mit Hilfe einer Gabel fein zerdrücken.

● Zwiebel und Knoblauchzehe schälen, sehr fein hacken und mit den Gewürzen zum Butter-Käse-Gemisch geben. Nochmals gut durchmengen.

● Zugedeckt ca. 1 Stunde lang im Kühlschrank durchziehen lassen. Dann auf einem Servierteller anrichten, mit Kümmel, Zwiebelringen oder gehacktem Schnittlauch bestreuen und servieren.

Interessant für Sie:
Hinter der Bezeichnung „Gerupfter" verbirgt sich ein pikanter Käseaufstrich, für den sich verschiedene Weichkäsesorten eignen. Käse und Butter werden am besten 1 Stunde vor der Zubereitung aus dem Kühlschrank genommen, damit sie weich werden. Zum „Gerupften" servieren Sie ein kräftiges Bauernbrot oder frisches Salzgebäck sowie Radieschen und ein gut gekühltes Bier.

Nürnberger „Gewerch"

200 g Ochsenmaulsalat (vom Metzger vorbereitet)	Salz, weißer Pfeffer
200 g schwarzer Preßsack (Schwartenmagen)	1 Prise Zucker
200 g weißer Preßsack	6 EL Apfel- oder Weinessig
2 Zwiebeln	4 EL Öl
	4 Tomaten

● Den Ochsenmaulsalat in feine Streifen schneiden und in eine Schüssel geben. Vom schwarzen sowie weißen Preßsack die Haut abziehen und ebenfalls in Streifen aufschneiden.

● Die Zwiebeln schälen und in hauchdünne Ringe schneiden. Alle Zutaten gut mischen.

● Aus Salz, Pfeffer, Zucker, Essig und Öl eine Marinade anrühren und zum Salat geben. Gleichmäßig über die Zutaten verteilen, dann den so vorbereiteten Salat im Kühlschrank ca. 1 Stunde durchziehen lassen.

● Zum Servieren auf einer Platte anrichten und mit Tomatenvierteln garnieren.

„Eierblootz"

6 altbackene Semmeln	Salz, Pfeffer, Muskat, frisch gepreßter Knoblauch
3/4 l heiße Milch	
8 - 10 Eier, 3 - 4 EL Rahm (süße Sahne)	2 EL geh. Schnittlauch
	Fett zum Ausbacken

● Die Semmeln kleinschneiden, in eine Schüssel geben und mit der heißen Milch übergießen. Gut durchmischen und ca. 30 Minuten stehen lassen.

● Die Eier in eine zweite Schüssel geben, mit dem Mixer unter Zugabe von Rahm, sowie Gewürzen und Knoblauch aufschlagen.

● Die ausgedrückten, zerflockten Semmeln unter die Eier heben und gut durchmischen.

● Das Fett in einer mittelgroßen Pfanne erhitzen, die Eiermasse wie Pfann-

kuchen nacheinander langsam auf beiden Seiten goldbraun ausbacken.

● Mit gehacktem Schnittlauch bestreut servieren.

Tip: Als Beilage zum „Eierblootz" servieren Sie entweder den fränkischen Kartoffelsalat mit Gurke (Rezept Seite 51) oder einen grünen Salat. Falls Sie ihn lieber als Nachspeise vorsehen, so fügen Sie der Eiermasse 2 EL Zucker hinzu, bestreuen nicht mit Schnittlauch, sondern servieren das Gericht mit Apfelmus oder feinsüßen Preiselbeeren („Hölwela").

Fränkische Karpfenfilets im Bierteig

(„Backie" Karpfen)

| 1 1/2 - 2 kg Karpfen |
| Salz, weißer Pfeffer |
| Zitronensaft |
| Mehl zum Wenden |
| Butterschmalz oder Öl zum Ausbacken |
| Zitronenspalten und Petersilie zum Garnieren |

Bierteig:
| 150 g Mehl |
| 100 ml Bier (hell o. dunkel) |
| 2 Eigelb, etwas Salz |
| 2 Eiweiß |

● Den Karpfen säubern, unter fließendem Wasser gründlich waschen und in 4 gleichgroße Stücke teilen. Mit Salz und Pfeffer würzen, mit Zitronensaft beträufeln und ca. 10 - 15 Minuten ziehen lassen.

● Inzwischen den Bierteig vorbereiten. Hierzu das Mehl in eine Schüssel sieben, mit Bier, Eigelb und Salz verrühren. Etwa 15 Minuten zum Ausquellen stehen lassen. Zuletzt die Eiweiße steif schlagen und unterziehen.

● Butterschmalz oder Öl
erhitzen. Die Fischstücke
kurz in Mehl wenden,
einzeln durch den Bierteig
ziehen und anschließend
im heißen Fett knusprig
ausbacken.

● Auf Küchenpapier
legen, abtropfen lassen
und dann mit Zitronen-
spalten sowie Petersilie
garniert servieren.

Beilage: Kartoffelsalat

Altmühltaler Hecht mit Schwammerlsoße

1 ganzer Hecht, zerlegt in 4 Portionen à 150 g	1 Zwiebel, gehackt
Salz, 1 EL Zitronensaft	100 g frische Schwammerl (Pilze), z.B. Champignons
1 Zwiebel	1 Tomate, 4 Kapern
4 Pfefferkörner	2 TL Zitronensaft
4 - 6 EL Obst- oder Weinessig	Salz, weißer Pfeffer
Soße:	50 ml trockener, weißer Frankenwein
50 g Butter	1 - 2 TL Stärkemehl

● Die Hechtstücke kurz kalt abspülen und mit Küchenpapier trockentupfen. Salzen und mit Zitronensaft beträufeln. Etwas durchziehen lassen, dann in einen Fischtopf geben.

● Die Zwiebeln schälen, in Ringe schneiden und auf dem Fisch verteilen. Zerstoßenen Pfeffer sowie Essig dazugeben. Etwas Wasser angießen und den Fisch zugedeckt ca. 10 - 13 Minuten dünsten.

● Für die Soße die Butter erhitzen, feingehackte Zwiebel darin anschwitzen. Die geputzten, geviertelten Schwammerl und die geschälten, gewürfelten Tomaten sowie Kapern dazugeben.

● Zugedeckt einmal aufkochen, dann auf niedriger Stufe ca. 5 - 7 Minuten langsam garziehen lassen. Zuletzt mit Zitronensaft, Salz und Pfeffer würzen. Stärkemehl mit Weißwein verrühren und die Soße damit binden.

● Die Hechtstücke auf Tellern anrichten und mit der Soße überziehen. Sofort servieren.

Beilage: Salzkartoffeln, in Butter geschwenkt.

Wurzelkarpfen

8 Karpfenstücke à ca. 100 - 150 g	Salz
	1 Lorbeerblatt
Wurzelwerk aus:	Thymian
1/4 Stück Sellerie	einige Pfefferkörner
2 große, gelbe Rüben (Möhren)	1 Prise Zucker
	2 - 3 EL Weinessig
1/2 Petersilienwurzel	etwas Dill als Garnitur
1 Zwiebel	2 EL frisch geriebener Kren (Meerrettich) zum Bestreuen
1 Stange Lauch (Porree)	

● Die Karpfenstücke kurz kalt abspülen und abtropfen lassen.

● Sellerie, gelbe Rüben, Petersilienwurzel und Zwiebel schälen, waschen, würfeln oder in Scheiben schneiden. Den Lauch putzen, waschen und in Ringe schneiden.

● Die Karpfenstücke zusammen mit dem so vorbereiteten Wurzelwerk in einen größeren Topf geben.

● Salz, Lorbeerblatt, Thymian und zerstoßene Pfefferkörner dazugeben. Zucker mit Essig mischen und darüber verteilen. Mit so viel Wasser auffüllen, daß die Fischstücke gerade bedeckt sind.

● Bei niedriger Stufe im geschlossenen Geschirr in 15 - 20 Minuten garziehen lassen.

● Die Fischstücke vorsichtig herausheben. Das Wurzelwerk auf Tellern dekorativ anrichten, die Fischstücke darauflegen, mit Dill garnieren und mit frisch geriebenem Meerrettich bestreuen. Etwas Sud darüber verteilen und sofort servieren.

Beilage: Salzkartoffeln

„Meefischli" (Kleine Mainfische)

etwa 12 „Meefischli", z.B. Rotaugen, Weißfisch	Zitronensaft, Mehl
Salz, weißer Pfeffer	Butterschmalz oder Öl zum Ausbacken

● Die vorbereiteten Fische kurz kalt abspülen und mit Küchenpapier trockentupfen, dann salzen, pfeffern und mit Zitronensaft beträufeln.

● Etwas durchziehen lassen, dann in Mehl wenden und in heißem Fett von beiden Seiten goldbraun ausbacken.

Beilage: Kartoffel-Gurkensalat oder Brezen.

Interessant für Sie:
Der Name „Mee" = Main, stammt aus dem Alt-Fränkischen. Die kleinen, typischen Mainfische werden an den Flußregionen täglich angeboten und stets noch frisch zubereitet.

Fränkische „Fleischküchla"

500 g gem. Hackfleisch	weißer Pfeffer, Muskat, Majoran
ca. 1 TL Salz	
1 geh. Zwiebel	1 Ei
2 EL geh. Petersilie	2 - 3 EL Semmelbrösel
20 g Butter	60 g Butterschmalz zum Braten
1 Knoblauchzehe	

● Das Hackfleisch in eine Schüssel geben, Salz, gehackte Zwiebel sowie Petersilie – beides in Butter angedünstet – gepreßten Knoblauch, Gewürze, Ei und Semmelbrösel dazugeben.

● Mit dem Elektroquirl gut durchkneten und zu einem geschmeidigen Teig verarbeiten. Daraus mit nassen Händen 8 „Fleischküchla" formen, in heißem Fett von beiden Seiten anbraten, dann bei reduzierter Hitze fertiggaren.

Beilage: Zu den „Fleischküchla" servieren Sie am besten Bratkartoffeln und Salat, z.B. einen „Ranen"-Salat aus roten Rüben.

Nürnberger „Schwärtelbraten"

1,5 kg Schweineschulter mit Schwarte
ca. 250 g kleingehackte Knochen
Salz, geschroteter Pfeffer
gemahlener Kümmel
2 Knoblauchzehen
1 größere Zwiebel
2 gelbe Rüben (Möhren)
ca. 1/2 l dunkles Bier

● Den Braten kurz kalt abspülen und trockenreiben. Die Schwarte mit einem scharfen Messer rautenförmig einschneiden. Die Knochen gründlich reinigen und abtropfen lassen.

● Den Backofen auf 180 - 200° C vorheizen. Das von allen Seiten gewürzte Fleisch mit der Schwartenseite nach unten in eine Bratreine legen. Geschälte, geachtelte Zwiebel und geputzte, kleingeschnittene gelbe Rüben dazulegen. Etwa 1/4 l Bier und die vorbereiteten Knochen in die Form geben.

● 2 - 2 1/2 Stunden offen braten, einmal wenden und gelegentlich mit dem restlichen Bier begießen.

● Den Braten herausnehmen, den Fond lösen, mit etwas Wasser aufkochen, durchsieben und abschmecken.

● Das Fleisch in Scheiben schneiden, auf vorbereiteten Tellern anrichten und mit etwas Soße überziehen. Die restliche Soße separat dazu servieren.

Beilagen: Weinkraut, Kartoffeln oder Knödel.

Kalbsherz mit Lauch

1 Kalbsherz (ca. 800 g)	Salz, Pfeffer, 30 g Butter
250 g geputzter Lauch (Porree)	1/4 l trockener Weißwein
1/4 Stück Sellerie	200 ml Sauerrahm (saure Sahne)
5 EL Butterschmalz	1 EL gehackte Petersilie

● Das Kalbsherz gründlich waschen, mit Küchenpapier trockentupfen, längs vierteln und sorgfältig von Fett, Sehnen sowie Knorpeln befreien.

● Den Lauch waschen, abtropfen lassen und in Ringe schneiden. Die Sellerie schälen, waschen und stifteln.

● Das Butterschmalz in einer Pfanne erhitzen, die mit Salz und Pfeffer gewürzten Kalbsherzscheiben auf beiden Seiten anbraten, herausnehmen und übriges Fett abschütten.

● Butter in die Pfanne geben, den Lauch darin kurz andünsten, mit Wein aufgießen, die Kalbsherzscheiben auflegen und etwa 5 - 10 Minuten dünsten.

● Dann die Kochstelle herunterschalten, den sauren Rahm unterziehen, nochmals abschmecken und das Gericht, mit gehackter Petersilie bestreut, servieren.

Beilage: Salzkartoffeln oder Kartoffelbrei

Fränkischer „Sauerbroutn"
(Sauerbraten)

1,2 kg Rindfleisch, am besten aus der Schulter	1/4 l trockener, fränkischer Rotwein
Beize:	zum Braten: 2 - 3 EL Butterschmalz
1/4 l bester Weinessig	bis 1/2 l Beize (abgeseiht)
3/4 l Wasser	50 g Soßenlebkuchen
2 Lorbeerblätter	Soße:
5 - 6 Wacholderbeeren	1 EL Butterschmalz
5 - 6 Pfefferkörner	2 TL Zucker
2 Nelken	2 - 3 EL Stärkemehl
2 mittlere Zwiebeln	ca. 1/4 l Beize (abgeseiht)
2 gelbe Rüben (Möhren)	5 - 6 EL trockener, fränkischer Rotwein
1/2 Stange Lauch (Porree)	2 EL Rahm (süße Sahne)

● Das Rindfleisch kurz kalt abspülen und mit Küchenpapier trockentupfen.

● Aus Essig, Wasser, Gewürzen, geputztem und kleingeschnittenem Gemüse sowie Rotwein eine Beize herstellen. Das Fleisch einlegen – es soll vollkommen mit der Flüssigkeit bedeckt sein – und im Kühlschrank 2 - 3 Tage lang durchziehen lassen, dabei gelegentlich wenden.

● Den Backofen auf 170 - 190° C vorheizen.

● Das Fleisch aus der Beize nehmen und trockentupfen. Auf der Kochstelle das Butterschmalz in einem ausreichend großen Bräter erhitzen, darin das Fleisch von allen Seiten scharf anbraten, mit etwas abgeseihter Beize ablöschen, Wurzelgemüse, Zwiebeln und Gewürze aus der Beize sowie den Soßenlebkuchen dazugeben.

● Zugedeckt in 2 - 2 1/2 Stunden braten, nach halber Zeit das Fleisch wenden, bei Bedarf noch etwas Flüssigkeit angießen.

● In einem Soßentopf das Butterschmalz mit Zucker erhitzen und unter Rühren hellbraun rösten, mit Stärkemehl bestreuen und mit der Beize ablöschen. Rotwein und durchpassierten Fond aus dem inzwischen entnommenen Bräter dazugeben. Mit Rotwein und Rahm verfeinern.

● Den Braten schnell aufschneiden, auf einer Platte anrichten, mit einem Teil der Soße überziehen und die restliche Soße separat dazu reichen.

Beilage: „Halbseidene" Klöße (s. Seite 52), Serviettenkloß (s. Seite 56), Nudeln oder Kartoffelpüree.

Kalbsbries auf „Backers"

500 - 600 g Kalbsbries	Muskat, geh. Petersilie
Salzwasser	Semmelbrösel
Salz, weißer Pfeffer	Alufolie, etwas Öl
2 EL Stärkemehl	4 große „Backers" (Kartoffel-Reibekuchen)
3 Eier	
100 g kleingeschnittene Champignons	2 EL geriebener Emmentaler

● Das Kalbsbries zunächst in kaltem Wasser ansetzen, langsam aufkochen, die Kochstelle ausschalten, ca. 5 - 7 Minuten weiterziehen lassen, dann das Bries herausnehmen und kalt abspülen. Sorgfältig enthäuten und in kleine

Stückchen schneiden.
● Mit verquirlten Eiern und kleingeschnittenen Champignons durchmischen, dann mit Muskat sowie gehackter Petersilie würzen. Soviel Semmelbrösel dazugeben, bis die Masse halbwegs formbar ist. Davon 4 Portionen bilden,

diese mit nassen Händen
nachformen.

Ein Backblech mit
Alufolie auslegen, dünn
mit Öl bestreichen, die
vorbereiteten „Backers"
Kartoffel-Reibekuchen
Seite 51) darauflegen, die
Griesmasse vorsichtig
aufsetzen und leicht
andrücken.

Im vorgeheizten Back-

ofen bei 210 - 230° C in
30 - 40 Minuten backen,
dann mit geriebenem
Käse bestreuen und noch
ca. 3 - 5 Minuten unter
dem Grill oder mit starker
Oberhitze überbacken.

Empfehlung:
Als Beilage zu diesem
Gericht paßt am besten ein
grüner Salat.

31

Gefüllte Kirchweihgans

1 junge küchenfertige Gans von ca. 4 kg	heißes Wasser
Salz, weißer Pfeffer	2 Zwiebeln, 2 EL Butter
Beifuß	etwas Gänsebrühe
1/2 - 3/4 l Brühe aus Gänseklein	Salz, weißer Pfeffer
Küchengarn	1 TL Zucker
Kastanienfüllung: 750 g Eßkastanien	4 säuerliche Äpfel (z.B. Boskop)
	1 frische Gänseleber

● Die Gans gründlich unter kaltem Wasser waschen, mit Küchenpapier trockentupfen und das Flomenfett entfernen (für Gänseschmalz ausbraten). Die Bürzeldrüse herausschneiden. Die Gans innen und außen mit Salz, Pfeffer und Beifuß würzen. Durchziehen lassen.

● Inzwischen die Füllung vorbereiten. Hierzu die Kastanien mit kochendem Wasser überbrühen, dann schälen und die Haut entfernen. Die geschälten, feingewürfelten Zwiebeln in heißer Butter anrösten, mit ca. 1/4 l Gänsebrühe ablöschen und würzen. Die Kastanien dazugeben und ca. 20 Minuten mitkochen. Anschließend die geschälten, geviertelten und vom Kerngehäuse befreiten Äpfel sowie die gewaschene, kleingeschnittene Gänseleber dazugeben. Alles gut dünsten lassen, dann zum Abkühlen beiseite stellen.

● Die so vorbereitete Füllung in die Gans geben und die Bauchöffnung zunähen.

● Den Backofen auf 220° C vorheizen.

● Die Gans mit der Brustseite nach unten in ein großes Bratgeschirr oder auf den Rost über der Fettpfanne legen, dann in den Backofen einsetzen und nach 30 Minuten die Hitze auf 180 - 190° C reduzieren. Ist die Oberseite gebräunt, die Gans wenden und unter gelegentlichem Begießen in

ca. 3 1/2 Stunden fertig-
braten. Zwischendurch mit
einer spitzen Fleischgabel
in die „Flanken" stechen,
sodaß das Gänsefett gut
ausbraten kann. Das sich
bildende Fett ein bis zwei-
mal vorsichtig abschöp-
fen.

Nach Ablauf der Bratzeit
die Gans herausnehmen,
auf eine Platte legen, das
Küchengarn entfernen und
die Gans im Backofen
ruhen lassen.
● Den Bratenfond lösen,
nochmals entfetten und
aufkochen. Die zerteilte
Gans mit einem Teil der
Füllung servieren und die
Soße separat dazu rei-
chen.

Beilagen: Salzkartoffeln
oder rohe Klöße (s. Seite
53), Apfelrotkohl oder
Selleriesalat.

Rehfleisch in Preiselbeerrahm

600 g Rehkeulenfleisch	etwas Mehl zum Binden
Salz, weißer Pfeffer	150 ml Sauerrahm (saure Sahne)
80 - 100 g Butterschmalz	
1/4 l Wildfond	4 EL Wildpreiselbeeren ("Hölwela")
1/4 l trockener, fränkischer Rotwein	etwas Zitronensaft

● Das Rehfleisch kurz kalt abspülen und mit Küchenpapier trockentupfen, dann in feine Streifen schneiden und würzen. In sehr heißem Butterschmalz anbraten, beiseite stellen.

● Wildfond und Rotwein mischen, um die Hälfte einkochen, mit kalt angerührtem Mehl binden, Sauerrahm sowie Wild-preiselbeeren zugeben und cremig einkochen lassen.

● Das vorbereitete Rehfleisch dazugeben, kurz in der Soße erhitzen, mit Zitronensaft abrunden, eventuell nochmals abschmecken und servieren.

Beilage: "Halbseidene" Klöße, Blaukraut.

Gebratener Fasan „Steigerwald"

1 küchenfertiger Fasan von ca. 800 g	1/8 l trockener, weißer Frankenwein
60 g Butterschmalz	1/8 l Geflügelbrühe
Salz, weißer Pfeffer	300 g helle, vollreife Weintrauben
100 g geschälte, vorge-kochte Kastanien	3 - 4 EL Rahm (süße Sahne

● Den Fasan kalt abspülen und mit Küchenpapier trockentupfen. Mit ca. 30 g Butterschmalz bestreichen, dann würzen.

● Das restliche Schmalz in einer ausreichend großen Bratreine erhitzen und den Fasan von allen Seiten darin anbraten. Die Kasta-

nien mit dem Wein sowie der Brühe angießen. Nun das Gericht zugedeckt 30 - 40 Minuten lang schmoren lassen, dabei einmal wenden.

● Inzwischen die Weintrauben waschen, halbieren und entkernen. Ca. 10

Minuten vor Ende der Bratzeit ins Geschirr geben.

● Den Fasan herausnehmen, zerteilen und den Fond mit Rahm verfeinern. Nochmals abschmecken, dann servieren.

Beilage: Klöße, Blaukraut.

Würzburger „Kärrnerbraten"
(Gefüllte Rinderbrust)

2 kg Rinderbrust – vom Metzger eingeschnitten –	2 gelbe Rüben (Möhren)
Salz, weißer Pfeffer	1 kleine Stange Lauch (Porree)
250 g Bratwurstbrät	1/4 Stück Sellerie
1 Semmel	2 Lorbeerblätter
2 mittlere Zwiebeln, gehackt	4 Pfefferkörner
1 EL Butter	Butterschmalz zum Braten
2 Eier	200 ml Rahm (süße Sahne)
2 EL geh. Petersilie	150 ml trockener, weißer Frankenwein
Küchengarn oder Zahnstocher	1 1/2 EL Stärkemehl

● Die mit einer Tasche eingeschnittene Rinderbrust kurz kalt abspülen, mit Küchenpapier trockentupfen und würzen.

● Das Bratwurstbrät mit der kleingewürfelten Semmel, den in Butter glasig gedünsteten Zwiebeln, den Eiern sowie der gehackten Petersilie gut durchmischen. Würzen, in die Fleischtasche füllen und locker zunähen oder feststecken.

● Gelbe Rüben, Lauch und Sellerie putzen, dann waschen und gut abtropfen lassen.

● In einem großen Topf ca. 2 1/2 Liter Wasser aufkochen, Gemüse, Lorbeerblätter und Pfefferkörner hineingeben. Die Rinderbrust vorsichtig einlegen, dann herunterschalten und ca. 2 Stunden lang garziehen lassen. Anschließend das Fleischstück zum Abtropfen herausnehmen.

● Das Fett in einem großen Bräter erhitzen, das Fleisch darin von allen Seiten scharf anbraten und im auf 210 - 230° C vorgeheizten Backofen noch ca. 40 Minuten lang bräunen. Etwa 15 Minuten vor Ende der Bratzeit mit Rahm und etwas Brühe begießen.

● Den Braten aus dem Backofen nehmen, das Garn oder die Zahnstocher entfernen, in Scheiben schneiden und warmstellen.

● Den Fond durch ein Sieb streichen, den mit Stärkemehl vermischten Wein dazugeben, einmal aufkochen, würzen und als Soße zum Braten servieren.

Beilage: Zum „Kärrnerbraten" servieren Sie am besten „Halbseidene Klöße" (Rezept Seite 52), einen gemischten Salat und ein kühles Bier oder einen trockenen Wein.

Interessant für Sie:
Die Fuhrleute wurden früher in Würzburg als „Kärrner" bezeichnet. Obwohl es den Familien meist finanziell nicht so gut ging, wurde großer Wert auf eine vielseitige, sehr sättigende Küche gelegt. Der Kärrnerbraten ist hierfür ein typisches Beispiel Die restliche Brühe ist eine gute Grundlage für viele andere Gerichte, wie Suppen oder Soßen.

„Kutscherpfanne"

4 große, geschälte Kartoffeln	1 Knoblauchzehe
3 EL Öl	125 g Bratwurstfülle
1 mittlere Zwiebel	Salz, weißer Pfeffer
	Majoran

● Die Kartoffeln grob raspeln, in ein Tuch geben und gut ausdrücken. Das Öl in einer größeren Pfanne erhitzen, geschälte und feingehackte Zwiebel darin glasig dünsten, dann die Kartoffeln dazugeben. Mit frisch gepreßtem Knoblauch würzen und einige Minuten unter beständigem Wenden durchgaren lassen.

● Zuletzt die zerrupfte Bratwurstfülle darüber verteilen, kräftig würzen und zugedeckt weiterschmoren, bis die Kartoffeln gar sind. Sofort servieren.

Beilage: Zur „Kutscherpfanne" servieren Sie am besten einen grünen Kopfsalat oder „Rapunzel" (Feldsalat).

Schweinfurter „Krautwickerla"

1 mittelgroßer Weißkraut-kopf	Salz, weißer Pfeffer
	1 Prise Cayennepfeffer
Salzwasser zum Kochen	zum Braten:
Füllung:	8 dünne Speckscheiben
500 g gemischtes Hack-fleisch	1/8 - 1/4 l Fleischbrühe
	150 g gemischte, frische Pilze
2 Eier	
1/2 Bund geh. Petersilie	100 g Sauerrahm (saure Sahne)
1 Zwiebel	
1 kleine Knoblauchzehe	1 1/2 EL Stärkemehl
30 g Semmelbrösel	1 EL geh. Schnittlauch

● Vom geputzten Kraut-kopf den Strunk auslösen, dann ca. 15 Minuten in reichlich Salzwasser kochen, herausnehmen und ca. 8 größere Blätter ablösen.

● Für die Füllung alle Zutaten verkneten und pikant abschmecken. Auf die Krautblätter verteilen, vom Rand her einschla-gen, aufrollen und mit je einer Speckscheibe um-wickeln, dann festbinden.

● In einem größeren Schmortopf das Butter-schmalz erhitzen, die Krautwickerla darin anbra-ten, mit Brühe ablöschen

und mit Salz sowie Pfeffer würzen.

● Zugedeckt bei mittlerer Hitze in ca. 30 Minuten weichgaren. Etwa 10 Mi-nuten vorher die Pilze dazugeben.
Die Krautwickerla heraus-nehmen und auf einer Platte anrichten. Sauer-rahm mit Stärkemehl verrühren und die Soße damit binden. Zuletzt den Schnittlauch dazugeben.

Beilage: Kartoffelpüree mit gerösteten Zwiebelringen.

Nürnberger Bratwürste

24 rohe Bratwürste
etwas Milch
Butterschmalz zum Braten

● Die Bratwürste zunächst in heißem, nicht mehr kochenden Wasser so lange ziehen lassen, bis sie sich fest anfühlen. Anschließend mit Hilfe einer Zange herausheben, kurz in kalte Milch eintauchen – damit sie schneller bräunen – und in wenig heißem Fett von beiden Seiten knusprig ausbraten.

Beilage: Zu den Nürnberger Bratwürsten paßt am besten ein saftiges Weinsauerkraut. Das Rezept ist anschließend beschrieben..

Interessant für Sie: Bratwürste sind nicht nur in Nürnberg sondern auch in anderen Regionen Frankens überaus beliebt. Die Füllung besteht in der Regel aus mittelfettem Schweinefleisch, das mit Salz, Pfeffer, gemahlenem Kümmel und aromatischem Majoran gewürzt wurde. In Würzburg kennt und schätzt man die „Knäutele". Hierbei handelt es sich um kleine, geräucherte Bratwürste. Auch die „Bauernseufzer" sind in Franken recht beliebt. Diese kräftig geräucherten Bratwürste werden stets mit frisch geriebenem Kren (Meerrettich) serviert.

Übrigens: Die Herstellung von Bratwürsten wurde bereits in einer alten Chronik aus dem Jahre 1341 beschrieben.

Fränkisches Weinsauerkraut

2 kleine Zwiebeln	1/4 l Fleischbrühe
4 EL Butterschmalz	1/4 l trockener, weißer Frankenwein
1 kg Sauerkraut	
2 - 3 Wacholderbeeren	Salz, Pfeffer
1 Lorbeerblatt	etwas Zucker
5 - 6 Pfefferkörner	Essig nach Belieben

● Die Zwiebeln schälen, fein hacken und in heißem Butterschmalz andünsten. Gewaschenes, gut abgetropftes Sauerkraut dazugeben, würzen und Brühe sowie Wein angießen.

● Zugedeckt ca. 50 - 60 Minuten dünsten, dabei gelegentlich umrühren und ggf. noch etwas Wasser angießen.

● Zuletzt mit Salz, Pfeffer, Zucker und Essig süß-sauer abschmecken.

Tips:
Sauerkraut aus der Dose ist bereits nach ca. 20 - 25 Minuten gar. Wenn Sie 2 rohe, geriebene Kartoffeln zum Schluß unter das Kraut mischen, so wird die Flüssigkeit gut abgebunden.

Rapunzelsalat (Feldsalat)

250 g Rapunzel (Feldsalat)	1/4 TL Zucker, Salz
1 mittlere Zwiebel	1 Prise Pfeffer
2 EL Obst- oder Weinessig	3 - 4 EL Öl

● Die Rapunzelblättchen sehr gründlich waschen, dann gut abtropfen lassen oder trocken schleudern. In einer ausreichend großen Salatschüssel aus der geschälten, feingehackten Zwiebel, dem Essig, Zucker, Gewürzen und Öl eine Marinade anrühren.

● Die Rapunzelblättchen darauf geben, kurz durchmischen und sofort servieren.

Tip:
In manchen Gegenden Frankens gibt man noch 2 - 3 kleine, gekochte und dann kleingeschnittene Kartoffeln hinzu.

Interessant für Sie:
Die „Rapunzel" gehört zu den winterbeständigen Salatpflanzen. Sie ist ausgesprochen vitaminreich und ist bereits Ende September erstmals erhältlich.

Rahm-Kohlrabi
mit Bratwurstklößchen

1 kg Kohlrabi	2 Eier
1/4 l Fleischbrühe	2 - 3 EL Semmelbrösel
Salz, weißer Pfeffer	1 EL geh. Petersilie
1 Prise Muskat	3 - 4 EL Sauerrahm
500 g Bratwurstfülle	(saure Sahne)

● Die Kohlrabi putzen, schälen, dabei alle holzigen Stellen abschneiden, halbieren und grob stifteln. Kurz kalt abspülen, abtropfen lassen, in einen Topf geben, die Brühe angießen und würzen. Etwas 10 Minuten garen lassen, dabei gelegentlich umrühren.
● Inzwischen die Bratwurstfülle mit Eiern, Semmelbröseln und 1/2 EL

Petersilie mischen, gut durchkneten, dann daraus kleine Knödel formen und auf das Gemüse geben.

● Zugedeckt ca. 12 - 15 Minuten mitgaren lassen.

Den Sauerrahm unterziehen und das Gericht, mit der restlichen Petersilie bestreut, servieren.

Beilage: Salzkartoffeln

Blaukraut Coburger Art

1 fester Blaukrautkopf (Rotkohl) von ca. 1 kg	1/4 l schwarzer Johannisbeersaft
1 - 2 EL Butter- oder Schweineschmalz	ca. 50 ml Wasser
2 säuerliche Äpfel	3 EL „Hölwela" (Preiselb.)
2 Lorbeerblätter, 2 Gewürznelken	50 ml trockener Rotwein
3 - 4 Wacholderbeeren	2 EL Stärkemehl
	30 - 50 ml bester Weinessig
	Salz, Zucker

● Vom Krautkopf die äußeren Blätter abnehmen, dann vierteln, den Strunk herauslösen und in feine Streifen schneiden oder hobeln.

● Butter oder Schmalz in einem größeren Topf erhitzen, die geschälten, entkernten und gewürfelten Äpfel darin andünsten. Kraut, Lorbeerblätter, Nelken und Wacholderbeeren dazugeben. Mit Johannisbeersaft und Wasser ablöschen.

● Einmal aufkochen, dann bei milder Hitze in ca. 1 - 1 1/2 Stunden garziehen lassen. Zwischendurch mehrmals umrühren und evtl. Flüssigkeit nachgießen.

● „Hölwela" (Preiselbeeren) und Rotwein – unter den das Stärkemehl gemischt wird – zuletzt dazugeben, dann mit Essig, Salz sowie Zucker süß-sauer abschmecken.

„Ranen"-Salat unterfränkische Art

1 kg Rote Rüben
(Rote Beete)

Salzwasser, 2 - 3 TL Anis

Marinade:
6 EL Essig

2 EL Wasser

1/4 - 1/2 TL Salz

weißer Pfeffer

1 Prise Zucker, 4 EL Öl

● Die Rüben putzen, gründlich waschen und in einem großen Kochtopf in reichlich gesalzenem Wasser in ca. 45 - 60 Minuten weichkochen. Abgießen, etwas auskühlen lassen, dann schälen und in dünne Scheiben schneiden oder hobeln. In eine Schüssel geben und mit Anis bestreuen.

● Für die Marinade alle Zutaten verrühren, über die noch warmen Rüben geben, durchmischen und ziehen lassen. Vor dem Servieren nochmals abschmecken.

Interessant für Sie:
Die Roten Rüben bezeichnet man auch als „Rahnen" oder „Rannen".

Überbackener Lauch im Speckmantel

1 kg Lauch (Porree) oder 8 dickere Stangen	Salz, weißer Pfeffer
1/2 l Salzwasser	1 Prise Muskat
8 Scheiben geräucherter Speck	1 Prise Cayennepfeffer
	3 EL Rahm (süße Sahne)
Soße:	
30 - 40 g Butter	30 g Butter
30 - 40 g Mehl	50 g geriebener Käse, z.B. Emmentaler
1/2 l Milch	1 Tomate, frische Petersilie

● Den Lauch putzen, schlechte Teile und dunkelgrüne Blattspitzen sowie den Wurzelansatz abschneiden. Gründlich waschen, abtropfen lassen und für 10 - 12 Minuten in gesalzenem Wasser dünsten. Auf ein Sieb geben, etwas abdampfen lassen und jede Stange mit einer dünnen Speckscheibe umwickeln. Dicht nebeneinander in eine größere, gefettete Bratreihe legen.

● Für die Soße die Butter zerlassen, das Mehl darüberstreuen, hellgelb anschwitzen und zum leichten Abkühlen von der Kochstelle nehmen. Langsam die Milch darunterrühren, würzen, unter beständigem Rühren aufkochen und bei schwacher Hitze sowie weiterem Umrühren ca. 30 Minuten lang ausquellen lassen. Zuletzt den Rahm unterziehen.

● Die Soße über den Lauch in die Form gießen, Butterflocken aufsetzen und geriebenen Käse darüberstreuen.

● Im vorgeheizten Backofen bei 200 - 220° C in 20 - 25 Minuten überbacken. Mit Tomatenachteln und frischer Petersilie garniert servieren.

Lauch-„Blootz" (Fränk. Lauchtorte)

Teig:
125 g abgetropfter Topfen (Quark)

1 Eigelb

je 1 Prise Zucker und Salz

3 EL Milch, 3 EL Öl

Butter oder Margarine für die Form

1 - 2 EL Semmelbrösel für den Boden

Belag:
750 g Lauch (Porree)

2 - 3 EL Butterschmalz

2 EL geh. Petersilie

Salz, weißer Pfeffer

1 Prise edelsüßer Paprika

1 EL Mehl

3 - 4 Eier

200 ml Rahm (süße Sahne)

30 g geriebener Käse, z.B. Emmentaler

1/4 TL gemahlener Koriander nach Belieben

● Topfen, Eigelb, Zucker, Salz, Milch, Öl und Mehl in eine Rührschüssel geben und sehr gut verkneten. Hierzu am besten den

Elektroquirl einsetzen.
● Den Teig auf bemehlter Arbeitsfläche ausrollen, eine gefettete Springform (ø 26 cm) damit auslegen

und am Rand ca. 3 cm hochziehen. Am Boden mehrfach einstechen und mit Semmelbröseln ausstreuen. Zugedeckt kühlstellen.

● Für den Belag den Lauch putzen, in ca. 1/2 cm dicke Ringe schneiden, gründlich waschen und gut abtropfen lassen. Das Butterschmalz erhitzen, den Lauch darin dünsten, dann von der Kochstelle nehmen, würzen und etwas abkühlen lassen.

● Mehl mit Eiern, Rahm, Käse verquirlen und nach Belieben mit Koriander würzen.

● Den Lauch daruntermischen und in die Form füllen, glattstreichen.

● Im auf 180 - 200° C vorgeheizten Backofen in 50 - 60 Minuten backen. Anschließend im ausgeschalteten Gerät noch 10 - 15 Minuten abdämpfen lassen. Lauwarm servieren.

Bamberger Speckwirsing

1 großer Wirsingkopf (ca. 1 kg)	40 g Butter
100 g durchwachsener Speck	2 - 3 EL Mehl
	1/8 l Fleischbrühe
40 g Butter- oder Schweineschmalz	1/8 l Milch
1 Zwiebel	Salz, Pfeffer
	frisch geriebener Muskat

● Den Wirsing putzen, schlechte Blätter entfernen, vierteln und den Strunk herauslösen, dann das Gemüse grob hacken. Den kleingewürfelten Speck in heißem Schmalz anrösten, dann den Wirsing dazugeben und zugedeckt, unter Zugabe von etwas Wasser, ca. 15 Minuten lang dünsten.

● Die geschälte, kleingeschnittene Zwiebel in Butter glasig dünsten, Mehl dazugeben, durchmischen und mit Brühe angießen. Kurz aufkochen, dann kräftig würzen. Auf niedriger Stufe ca. 10 Minuten quellen lassen, danach den Wirsing dazugeben, umrühren und weitere 5 - 10 Minuten dünsten lassen.

Jägersalat

300 g gelbe Rüben (Möhren)	3 EL geh. Schnittlauch
	2 EL geh. Zwiebeln
500 g vorgekochtes, gut ausgekühltes Rindfleisch	8 EL Sauerrahm
	5 EL Fleischbrühe
250 g frische Pfifferlinge	Salz, weißer Pfeffer

● Die gelben Rüben putzen, kurz andünsten, abkühlen lassen und in Scheiben schneiden. Das Rindfleisch erst würfeln, dann in feine Streifen zerteilen. Mit den geputzten, kurz gedünsteten und dann leicht ausgekühlten Pfifferlingen sowie den gelben Rüben in einer größeren Schüssel mischen.

● Schnittlauch mit Zwiebeln, Sauerrahm, Fleischbrühe und Gewürzen vermischen.

● Vorsichtig unter die anderen Zutaten heben und den so vorbereiteten Salat am besten über Nacht im Kühlschrank zugedeckt durchziehen lassen.

● Vor dem Servieren nochmals abschmecken und eventuell mit etwas Brühe geschmeidiger machen.

Kartoffelsalat Fränkische Art

1 kg festkochende Salat-Kartoffeln	1 Prise Zucker
gut 250 ml heiße, kräftig abgeschmeckte Fleischbrühe	5 - 6 EL Öl
	2 feingeschnittene Zwiebeln
4 -5 EL Weinessig	1 TL mittelscharfer Senf, nach Belieben
Salz, weißer Pfeffer	Schnittlauch

● Die gewaschenen Kartoffeln in der Schale garkochen, abgießen, sofort abschrecken und schälen. Noch warm in Scheiben schneiden, in eine Schüssel geben und mit etwas Brühe übergießen.

● Essig mit Gewürzen, Zucker, Öl und Zwiebeln verrühren. Nach Belieben Senf dazugeben, dann die restliche Brühe unterziehen.

● Zu den Kartoffeln geben, unterheben und durchziehen lassen.

● Mit frisch gehacktem Schnittlauch garniert servieren.

Variation:
Kartoffel-Gurkensalat. 2/3 Kartoffeln werden hierzu mit 1/3 fein gehobelten Salatgurkenscheiben gemischt und wie beschrieben angerichtet.

Kartoffel-,,Backers" (Reibekuchen)

750 g mehlige Kartoffeln	2 EL Stärkemehl
2 Eier	2 mittlere Zwiebeln
ca. 1/2 TL Salz, Pfeffer, Muskat	Öl oder Butterschmalz zum Ausbacken

● Die Kartoffeln schälen, fein reiben und mit Eiern, Stärkemehl, Salz, Pfeffer sowie Muskat zu einem glatten Teig verrühren. Die Zwiebeln schälen, sehr fein hacken und untermischen.

● Öl oder Schmalz in einer größeren Pfanne heiß werden lassen, die Kartoffelmasse löffelweise hineingeben, flach und rund ausbreiten.

● Auf beiden Seiten langsam braun und knusprig braten, damit die Masse ausreichend gart. Noch heiß servieren.

Interessant für Sie:
Die „Backers" sind in Franken sehr beliebt. Im oberen Maintal serviert man sie gerne mit Apfelbrei (Apfelmus) als Hauptgericht, im Coburger Land mit „Hölwela" (Preiselbeeren) und in anderen Regionen als Beilage zu Schmorbraten, zu Gemüsegerichten oder einfach mit einem schmackhaften Wein-Sauerkraut.

„Halbseidene" Kartoffelklöße

1 kg mehlig kochende Kartoffeln, frisch zubereitet	knapp 3/8 l heiße Milch
250 g Stärkemehl	2 Semmeln, gewürfelt und in 50 g Butter geröstet
Salz, Muskat	3 l Salzwasser zum Kochen

● Die noch heißen Kartoffeln schälen, durch eine Kartoffelpresse drücken, mit Stärkemehl, Salz und Muskat gleichmäßig vermischen. Die Milch dazugeben und sofort zu einem glatten Teig verkneten. Dazu am besten den Elektroquirl einsetzen.

● Mit feuchten Händen von der noch warmen Masse entnehmen, in die Mitte eine Vertiefung eindrücken, einige geröstete Semmelwürfel hineinge-

ben und zu einem gleichmäßigen Kloß formen.

● Die so vorbereiteten Klöße in das kochende Salzwasser legen, dann die Kochstelle herunterschalten und bei halboffenem Deckel ca. 20 Minuten garziehen lassen.

● Mit einer Schaumkelle herausheben und sofort servieren.

Empfehlung:
Die „halbseidenen" Klöße eignen sich besonders gut

als Beilage zu Rinder- oder Kalbsbraten, auch zum fränkischen Sauerbraten, sowie zu Gulasch, Rouladen oder allen Fleischgerichten mit Soße.

Rohe Klöße *(Abb. Seite 54, unten)*

2 kg mehlig kochende Kartoffeln	1 Eigelb nach Belieben
Salz, Muskat	2 Semmeln, gewürfelt und in 50 g Butter geröstet
etwas Stärkemehl	3 l Salzwasser zum Kochen
ca. 1/4 l heiße Milch	etwas Stärkemehl

● Etwa 500 g Kartoffeln schälen, waschen, vierteln und in gesalzenem Wasser weichkochen. Die restliche Menge ebenfalls schälen, waschen, fein reiben, auf ein Küchentuch geben und kräftig auspressen.

● Die gekochten Kartoffeln abgießen, durchpressen und zusammen mit den geriebenen in eine große Schüssel geben. Kräftig würzen, etwas Stärkemehl darüberstreuen und alles zusammen sofort zu einem geschmeidigen Teig verkneten. Hierzu am besten den Elektroquirl einsetzen. Zuletzt nach Belieben 1 Eigelb einarbeiten.

● Mit feuchten Händen große Klöße formen, dabei mehrere Semmelwürfelchen in die Mitte eindrücken und jeden einzelnen Kloß nachformen.

● In das kochende, mit etwas Stärkemehl vermischte Salzwasser einlegen, dann die Kochstelle herunterschalten und die Klöße leicht köchelnd in 20 - 25 Minuten – je nach Größe – garziehen lassen.

● Mit Hilfe einer Schaumkelle herausheben und sofort servieren.

Empfehlung:
Die rohen Klöße eignen sich besonders gut als Beilage zu Schweinebraten sowie zu Gänse- oder Entenbraten.

Abbildung Seite 54/55:
li, oben: Serviettenkloß · li, unten: Rohe Klöße

re, oben: Zwetschgenklöße · re, unten: Kräuterklöße

Serviettenkloß nach Altfränkischer Art *(Abb. Seite 54, oben)*

8 altbackene Semmeln	1 Leinenserviette oder 1 Küchentuch
1/4 l lauwarme Milch	Holzlöffel, Bindfaden
4 Eier	etwas Butter
Muskat, Salz, weißer Pfeffer	3 - 4 l Salzwasser zum Kochen
1 Zwiebel, 30 g Butter	

● Die Semmeln in kleine Würfel schneiden und in eine Schüssel geben. Die Milch mit den Eiern sowie Gewürzen verquirlen und darübergießen. Vorsichtig durchmischen und zugedeckt kurz einwirken lassen.

● Die geschälte, feingehackte Zwiebel in heißer Butter glasig dünsten und dazugeben. Alle Zutaten gleichmäßig durchmischen und weitere 20 Minuten stehen lassen.

● Den Teig mit feuchten Händen entweder zu einer großen, länglichen Rolle oder zu einem runden Laib formen. Auf eine feuchte, mit Butter bestrichene Leinenserviette (Küchentuch) legen und locker einschlagen.

An den Enden bzw. in der Mitte zusammenbinden und an einem Kochlöffel befestigen.

● Vorsichtig in kochendes Salzwasser legen und bei mittlerer Hitze in 50 - 60 Minuten garziehen lassen.

● Den Kloß herausheben, abschrecken, das Tuch entfernen und kurz ausdampfen lassen. In dicke Scheiben oder Achtel aufteilen und sofort servieren.

Empfehlung:
Der Serviettenkloß paßt gut zu Rinder- oder Kalbsbraten, dem fränkischen Sauerbraten, gekochtem Sauerkraut und zu allen Pilzgerichten.

Kräuterklöße *(Abb. Seite 55, unten)*

8 - 10 altbackene Semmeln	1 EL geh. Schnittlauch
ca. 300 ml lauwarme Milch	40 g Butter
Salz, Pfeffer, Muskat	4 - 5 Eier, 2 - 3 EL Mehl
1/2 gehackte Zwiebel	1 - 2 EL Semmelbrösel bei Bedarf
1/2 Bund Petersilie	ca. 3 l Salzwasser zum Kochen
1 EL geh. Dill	

● Die Semmeln würfeln, in eine Rührschüssel geben, die Milch mit den Gewürzen mischen und gleichmäßig darüber verteilen. Gut durchkneten und ca. 20 - 30 Minuten ziehen lassen.

● Die Zwiebel in heißer Butter glasig dünsten, alle Kräuter dazugeben, kurz mitdünsten und zu den Semmeln geben. Eier mit Mehl verquirlen, ebenfalls hinzufügen und alles zu einer geschmeidigen Masse verarbeiten.

● Nochmals ca. 15 Minuten durchziehen lassen. Ist die Masse dann noch weich, Semmelbrösel zum Abbinden untermischen.

● Mit feuchten Händen gleichmäßig große Klöße formen, diese in kochendes Wasser einlegen, die Kochstelle herunterschalten und die Klöße in ca. 20 Minuten garziehen lassen.

Mit einer Schaumkelle herausheben und servieren.

Empfehlung:
Die Kräuterklöße passen als Beilage zu Braten aller Art, auch zu Geflügel und Wild, zu Gulasch und anderen Soßengerichten.

Zwetschgenklöße *(Abb. Seite 55, oben)*

Teig:	Zwetschgen (Pflaumen)
250 g Topfen (Quark)	12 Stück Würfelzucker
250 g Mehl	**Außerdem:**
Salz	40 g Butter
50 g Butter	100 g Semmelbrösel
2 Eigelb	100 g Zucker
etwas abgeriebene Schale einer unbehand. Zitrone	2 TL Zimt
Füllung: 12 vollreife	Vanillesoße nach Belieben

● Aus dem gut abgetropften Topfen, Mehl, Salz, zerlassener Butter, Eigelb und Zitronenschale einen geschmeidigen Teig herstellen. Etwa 30 Minuten zugedeckt im Kühlschrank ziehen lassen.

● Inzwischen die Zwetschgen waschen, entkernen und jede Frucht mit einem Stückchen Würfelzucker füllen.

● Den Teig auf bemehlter Arbeitsfläche zu einer gleichdicken Rolle formen, davon 12 Scheiben abschneiden, flachdrücken, mit je einer Frucht belegen, einschlagen und zu runden Klößen formen.

● In reichlich kochendes Salzwasser geben, die Kochstelle herunterschalten und die Klöße in 10 - 15 Minuten garziehen, dann herausheben und abtropfen lassen.

● Die Butter in einer Pfanne erhitzen, Semmelbrösel darin goldbraun rösten, die Klöße darin wälzen, auf vorbereitete Teller legen, mit Zimtzucker bestreuen und nach Belieben eine Vanillesoße dazu servieren.

Kartäuserklöße

6 altbackene Semmeln	1 Prise Salz
3 Eigelb	abgeriebene Schale einer unbehandelten Zitrone
2 EL Zucker	

1/2 l lauwarme Milch

2 Eier, mit 1 EL Milch verquirlt

8 - 10 EL Semmelbrösel

150 g Butterschmalz zum Ausbacken

100 g Zucker, mit 1/2 TL Zimt vermischt

● Die Semmeln rundum abreiben, dann einmal durchschneiden. Eigelb mit Zucker, Salz, Zitronenschale sowie Milch verquirlen und über die Semmeln gießen. Mindestens 45 Minuten lang durchziehen lassen, dabei die Semmeln mehrfach wenden, sodaß sie gut durchfeuchtet sind.

● Anschließend in den mit Milch verquirlten Eiern wenden und in Semmelbröseln panieren.
● Das Butterschmalz erhitzen, die Semmeln darin langsam von allen Seiten goldgelb backen und auf Küchenpapier abtropfen lassen.
● In Zimtzucker wälzen und noch warm servieren.

Rosinen-Äpfel

4 EL Rosinen

2 EL Rum

4 mittlere Äpfel, z.B. Jonathan oder Delicious

1 EL Zitronensaft

2 EL Butter

2 EL Zucker

etwas Weißwein

1 EL Pinienkerne oder gehobelte Mandeln

geschlagener Rahm (süße Sahne)

● Die Rosinen gründlich waschen, gut abtropfen lassen und in Rum einweichen. Die Äpfel gründlich waschen, gut trockenreiben, schälen, das Kernhaus ausstechen und in dicke Scheiben schneiden. Sofort mit Zitronensaft und etwas Wein beträufeln, dann in heißer Butter

ausdünsten, den restlichen Wein angießen und mit Zucker bestreuen.
● Die Rum-Rosinen auf Dessert-Teller verteilen, mit Pinienkernen oder Mandeln bestreuen, die Apfelscheiben auflegen, mit geschlagenem Rahm garnieren und noch warm servieren.

"Hollerkücheln"
(Gebackene Holunderdolden)

12 frische Hollerblüten (Holunderdolden)	3 EL Rum, 2 TL Öl
	Salz, Zucker
Backteig: 200 g Mehl	Fett zum Ausbacken (z.B. Butterschmalz)
2 - 3 Eier	Staubzucker zum Bestreuen.
1/8 l Milch	

● Die Hollerblüten bis auf einen etwa 15 cm langen Stengel abschneiden, dann kurz kalt abspülen und gut ausschütteln.

● Mehl, Eier, Milch, Rum, Öl sowie Salz zu einem dickflüssigen Backteig verrühren und mindestens 30 Minuten lang ziehen lassen.

● Das Ausbackfett erhitzen. Die Hollerblüten am Stengel anfassen, einzeln in den Teig eintauchen und, in heißem Fett schwimmend, hellgelb ausbacken.

● In Staubzucker wenden und noch heiß servieren.

Dämpfäpfel in Weinsoße

2 Eier	1 TL abgeriebene Schale einer unbehand. Zitrone
2 EL Zucker	4 Äpfel, mittelgroß
2 TL Stärkemehl	1/4 l Wasser
1/4 l weißer, trockener Frankenwein	1/8 l weißer, trockener Frankenwein
Saft 1/2 Zitrone	etwas Zimt

● In einem, mittelgroßen Topf Eier, Zucker und Stärkemehl sehr schaumig rühren. Hierzu am besten den Elektroquirl einsetzen. Den Wein erwärmen und unter beständigem Weiterrühren dazugeben. Zuletzt Zitronensaft sowie -schale hinzufügen und die Soße in einem heißen Wasserbad so lange vor-

sichtig aufschlagen, bis
die Masse cremig wird.

● Die Äpfel schälen, das
Kernhaus ausstechen, in
einen Topf setzen, Wasser
mit Wein sowie Zimt dazu-
geben und die Äpfel darin

in ca. 10 Minuten gardün-
sten. Nach etwa der Hälfte
der Zeit einmal umdrehen.

● Auf Desserttellern oder
schalen anrichten und mit
der Weinsoße überziehen.
Noch warm servieren.

„Kärschmännla" (Kirschauflauf)

5 altbackene Semmeln	2 EL Rum
1/2 l Milch	50 g gem. Mandeln
2 Eier	50 g Weinbeeren
2 TL Kakao	450 g Sauerkirschen
1 Prise Salz	2 EL Semmelbrösel
100 g Zucker	1 EL Zucker
1 Pa Vanillezucker	30 g Butter

● Die Semmeln in dünne Scheiben schneiden und in eine größere Schüssel geben.

● Milch, Eier, Kakao, Salz, Zucker, Vanillezucker und Rum gut verrühren. Hierzu am besten den Elektroquirl einsetzen. Die Mischung gleichmäßig über die Semmeln gießen. Gut durchziehen lassen. Nochmals durchmischen.

● Die Hälfte der Masse in eine gut gefettete, hohe Auflaufform geben, die gut abgetropften Kirschen, die Mandeln sowie die gewaschenen, abgetropften Rosinen darauflegen und mit der restlichen Semmelmasse abdecken.

● Semmelbrösel, Zucker und Butterflöckchen darüber verteilen.

● Bei 180 - 200° C im vorgeheizten Backofen in 45 - 60 Minuten backen. Nach Belieben mit dem Grill zuletzt noch einige Minuten überkrusten. Noch warm servieren.

Tip:
Zum „Kärschmännla" reichen Sie am besten eine Weinschaum-Soße oder flüssigen, süßen Rahm (süße Sahne).

Interessant für Sie:
Die „Kärschmännla" ist eine besonders typische fränkische „Möllschpeis" (Mehlspeise), die so sättigend ist, daß man sie auch als Hauptgericht servieren kann. Wichtig ist, daß dieser Auflauf innen saftig und außen recht knusprig gelingt.

Frankenwein-Creme

4 Eigelb	5 - 6 Blatt weiße Gelatine
100 - 120 g Zucker	4 Eiweiß
1/2 l trockener, weißer Frankenwein	150 ml Rahm (süße Sahne)
Saft von 1 Zitrone	1 1/2 TL Zucker

● Eigelb und Zucker sehr schaumig rühren, hierzu am besten den Elektroquirl einsetzen. Wein und Zitronensaft unterrühren. Die kalt eingeweichte Gelatine in etwas heißem Wasser auflösen und unter die Creme geben. Kalt stellen.

● Eiweiß steif schlagen, unter die inzwischen halbfeste Masse rühren, dann die Creme bis zum vollständigen Festwerden weiterkühlen.

● Mit gesüßtem Schlagrahm garniert servieren.

Gebackene Grießschnitten mit Hiffenmark (Hagebuttenmus)

1/2 l Milch	**Zum Backen:** 1 Ei, 1 Eigelb
2 1/2 EL Zucker	80 - 100 g Semmelbrösel
1 Pa Vanillezucker	Butterschmalz
1 Prise Salz	**Hiffenmark:** 400 g frische Hiffen (Hagebutten)
abgeriebene Schale einer halben, unbehandelten Zitrone	ca. 100 g Zucker
1/2 TL gem. Zimt	2 EL Zitronensaft
ca. 160 g Grieß	1/2 Stange Zimt
Backpapier, etwas Öl	1 EL Weinbrand

● Die Milch mit Zucker, Vanillezucker, Salz, abgeriebener Zitronenschale sowie Zimt mischen und aufkochen. Unter beständigem Rühren den Grieß dazugeben und auf niedriger Stufe etwas kochen lassen.

● Eine flache, möglichst rechteckige Form bis zum Rand mit Backpapier auslegen und dünn mit Öl bestreichen.

● Die Grießmasse vorsichtig daraufgeben und ca. 2 cm hoch verstreichen. Gut auskühlen lassen.

● Inzwischen das Hiffenmark vorbereiten. Hierzu die Früchte verlesen, gründlich waschen, entstielen, halbieren und entkernen. Mit Zucker, Zitronensaft und Zimt in einen größeren Topf geben. Unter Zugabe von etwas Wasser weichkochen. Durch ein Metallsieb passieren, auskühlen lassen und zuletzt den Weinbrand unterziehen.

● Den inzwischen fest gewordenen Grieß in etwa 4 x 8 cm große Rechtecke zerschneiden. Diese einzeln durch verquirltes Ei und Eigelb ziehen, dann in Semmelbröseln wenden. Das Butterschmalz in einem breiten Topf erhitzen und die Grießschnitten darin langsam goldgelb ausbacken.

● Auf Tellern anrichten und das Hiffenmark dazu servieren.

Tip:
Zu den gebackenen Grießschnitten passen auch eingemachte Früchte wie Zwetschgen oder Kirschen.

„Quarkblootz" (Quarkkuchen)

<u>Teig:</u>
500 g Mehl, 20 g Hefe

40 g Zucker

1/4 l lauwarme Milch

1 Prise Salz

75 g weiche Butter, 1 Ei

<u>Belag:</u>
1 kg magerer Topfen
(Quark), gut abgetropft

150 g Zucker, 1 Prise Salz

4 Eier, getrennt

80 g Rosinen

abgeriebene Schale einer
unbehandelten Zitrone

175 g Butter, 100 ml Rahm

2 Eigelb, 2 - 3 TL Mehl

Butter oder Backpapier für
das Backblech

● Aus den angegebenen
Zutaten einen Hefeteig,
siehe Rezept „Dätscher"
(S. 67), zubereiten und
gehen lassen.

● Für den Belag den
abgetropften Topfen in
eine hohe Rührschüssel
geben und mit 100 g
Zucker, Salz, Rosinen und
Zitronenschale verrühren.
Hierzu am besten den

Elektroquirl einsetzen.
125 g Butter dazugeben
und unterziehen.

● Zuletzt 4 Eigelbe
unterrühren und den
steifen Schnee der 4
Eiweiße unterheben.

● Den Teig mit etwa
1/2 cm dick auf einem mit
Backpapier ausgelegtem
oder gut gefettetem Back-
blech ausrollen.

66

● Die Topfenmasse auf dem Teig gleichmäßig verstreichen.

● Rahm, restlichen Zucker, 2 Eigelbe und Mehl verrühren und über dem Belag verteilen.

Nun den so vorbereiteten Kuchen in 20 - 30 Minuten backen.

Variation: „Zwetschgenblootz"

1 - 1 1/2 kg vollreife Zwetschgen (Pflaumen) waschen, abtropfen lassen und so entsteinen, daß die Hälften noch zusammenhängen. Den vorbereiteten Hefeteig auf einem gefetteten Backblech ausrollen und mehrmals mit einer Gabel einstechen. Mit 2 EL Semmelbröseln bestreuen.

Die Früchte dicht nebeneinander auf dem Teig verteilen, dann ca. 15 - 20 Minuten gehen lassen. Inzwischen den Backofen auf 180 - 200° C vorheizen und den Kuchen in 30 - 40 Minuten abbacken. Noch warm mit ca. 50 g Zucker bestreuen. Erst abgekühlt in Stücke schneiden.

„Dätscher" (Salziges Weingebäck)

500 g Mehl, Salz	50 g Butter oder Butterschmalz
1 Würfel frische Hefe	1/2 Tasse Sauerrahm (Saure Sahne)
ca. 1/4 l lauwarme Milch	Salz, ganzer Kümmel
200 g vorgekochte Kartoffeln	Butter für das Backblech

● Das Mehl in eine Schüssel sieben, salzen, die in wenig Milch aufgelöste Hefe dazugeben und unter Zugabe der restlichen Milch zu einem geschmeidigen Teig verarbeiten. Diesen ca. 20 - 30 Minuten zugedeckt gehen lassen.

● Geriebene Kartoffeln und Fett unterkneten. Vom so vorbereiteten Teig tellergroße Fladen ausrollen, diese auf ein gefettetes Backblech legen, mit Butter und Sauerrahm bestreichen, etwas Salz sowie Kümmel aufstreuen.

● 25 - 30 Minuten im auf 200 - 220° C vorgeheizten Backofen goldbraun abbacken und frisch servieren.

Interessant für Sie:
Die „Dätscher" sind ein typisches, fränkisches Knabbergebäck, das gut zu Bier oder dem würzigen Frankenwein paßt. Anstelle von Salz und Kümmel können Sie auch Zwiebelringe und angebratene Speckwürfelchen auflegen.

Altfränkisches „Hutzelbrot"

3 - 4 Eier
120 g Zucker, 1 Pa Vanillezucker
1 Prise Salz, 1 EL Lebkuchengewürz
120 g geh. Mandeln
120 g geh. Haselnüsse
je 100 g getrocknete Feigen, Birnen und Aprikosen
175 g Weinbeeren
1 Pa Backpulver, 175 g Mehl
2 EL Rum, 1/2 EL Zitronensaft oder Weißwein

● Eier, Zucker und Vanillezucker sehr schaumig schlagen. Salz, Lebkuchengewürz, Mandeln, Haselnüsse und die kleingeschnittenen Trockenfrüchte hinzugeben und gleichmäßig unterrühren. Zuletzt das mit Backpulver gemischte Mehl, Rum

sowie Zitronensaft oder
Wein in die Masse geben.

● Den Backofen auf 170 -
190° C vorheizen.

● Eine Kastenform mit
Backpapier auslegen, die
Teigmasse einfüllen oder
den Teig, zu einem runden
Laib geformt, auf ein Back-

blech geben und 60 - 70
Minuten backen.

● Die Form aus dem
Backofen nehmen, leicht
ausdampfen lassen, oder
das Brot vom Blech neh-
men. Dann das Hutzelbrot
zum Auskühlen auf einen
Rost stürzen.

Miltenberger
Kirsch-Streuselkuchen

Teig:	2 TL Backpulver
200 g weiche Butter	Belag:
175 g Zucker	750 g frische, entsteinte Kirschen
1 Ei	
1 Pa Vanillezucker	2 - 3 EL Semmelbrösel oder gem. Mandeln
1 Prise Salz	
400 g Mehl	Butter, Mehl für die Form

● Aus Butter, Zucker, Ei, Vanillezucker und Salz eine schaumige Masse rühren. Hierzu am besten den Elektroquirl einsetzen. Mehl, mit Backpulver gemischt, zur Hälfte dazugeben und unterrühren.

Dann das restliche Mehl hinzufügen und den Teig krümelig abbröseln.

● Gut die Hälfte der Teigmenge in eine gefettete, mit Mehl ausgestreute Backform (Ø 26 cm) füllen, glattdrücken und dabei einen Rand hochziehen.

● Die Kirschen waschen und entkernen. Semmelbrösel oder gemahlene Mandeln auf dem Teigboden verteilen, mehrmals mit einer Gabel einste-chen, die Kirschen daraufgeben, jedoch nicht bis ganz zum Rand anlegen. Den restlichen Krümelteig auf dem Obst verteilen und in den Randpartien etwas andrücken.

● Im vorgeheizten Backofen bei 170 - 190° C in 50 - 60 Minuten goldbraun backen. Kurz abdämpfen lassen, aus der Form nehmen und zum Auskühlen auf ein Kuchengitter geben.

Volkacher Weintraubentorte

Teig:	
3 Eiweiß, etwas Zucker	2 EL weißer, trockener Frankenwein
einige Tropfen Zitronensaft	150 g Topfen (Quark)
100 g Butter oder Margarine	abgeriebene Schale und Saft 1/2 unbehandelten Zitrone
100 g Zucker, 1 Prise Salz	
1 Pa Vanillezucker	40 g Zucker
3 Eigelb	1 Pa Vanillezucker
150 g gem. Haselnüsse	1 Eigelb
1 TL Kakao	5 Blatt weiße Gelatine
2 EL gesiebtes Mehl	1 Eiweiß
2 gestr. TL Backpulver	1/8 l Rahm (süße Sahne)
Belag:	300 g vollreife Weintrauben
3 EL Aprikosenmarmelade	80 g Weinbeeren

● Eiweiß mit dem Elektroquirl halbsteif schlagen, etwas Zucker einrieseln lassen und den Zitronensaft dazugeben. Weiterschlagen, bis die Masse

schnittfest ist. Weiches Fett, Zucker, Salz, Vanillezucker und Eigelb in einer zweiten Schüssel sehr cremig verrühren. Gemahlene Haselnüsse, Kakao, mit Backpulver gemischtes Mehl darüber verteilen und kurz unterrühren.

● Den vorbereiteten Eischnee vorsichtig unter die Crememasse heben, in eine am Boden gefettete Springform (ø 26 cm) füllen und sofort im auf 170 - 190° C vorgeheizten Backofen in 30 - 40 Minuten backen.

● Mindestens 2 Stunden lang auskühlen lassen, dann einmal durchschneiden. Jede Bodenhälfte an der Oberseite mit Aprikosenmarmelade bestreichen und mit etwas Wein beträufeln.

● Aus Topfen, Zitronensaft und -schale, Zucker, Vanillezucker und Eigelb

eine sehr cremige Masse anrühren.

● Eingeweichte, gut ausgedrückte Gelatine dazugeben, nochmals gut durchmischen. Eiweiß sowie Rahm getrennt steif schlagen und beides unter die Topfencreme heben.

● Die Weintrauben waschen, trockentupfen, halbieren und entkernen.

● Die Hälfte der Trauben sowie Weinbeeren mit 1/3 der Crememasse vermischen und auf einem Boden gleichmäßig verteilen. Den zweiten Boden vorsichtig darauf legen, die restliche Creme rundum verstreichen und mit den übrigen Weintrauben sowie -beeren dekorativ garnieren.

● Die so vorbereitete Torte mindestens 3 Stunden lang im Kühlschrank durchziehen lassen.

Fränkische Schneeballen

375 g Mehl, 1 Prise Salz	3 - 4 EL Sauerrahm (saure Sahne)
75 g Zucker	
1 Pa Vanillezucker	2 EL Rum
abgeriebene Schale 1/2 unbehandelten Zitrone	ca. 500 g Butterschmalz zum Ausbacken
50 g Butter, 3 Eier	Staubzucker

● Das gesiebte Mehl in eine Rührschüssel geben, Salz, Zucker, Vanillezucker und abgeriebene Zitronenschale untermischen. Weiche Butter hinzufügen und mit Hilfe des Elektroquirls zu einem geschmeidigen Teig verkneten.

● Eier, Sauerrahm und Rum einarbeiten, dann nochmals gut durchkneten.

● Den Teig von Hand zu einer Rolle formen und mindestens 1 Stunde lang im Kühlschrank durchziehen lassen.

● Von der Teigrolle etwa 1 cm dicke Scheiben abschneiden.

Auf bemehlter Arbeitsfläche etwa in Größe eines Desserttellers ausrollen, die mittlere Fläche ca. 4 - 5 mal der Länge nach einschneiden, dabei jedoch einen 1 cm breiten Rand belassen.

● Das Butterschmalz in einem weiten Topf erhitzen. Mit Hilfe eines Holzlöffels die Teigplatte aufnehmen, in das heiße Fett geben und dabei leicht drehen.

● Unter beständigem Weiterdrehen hellgelb ausbacken, gut abtropfen lassen und mit reichlich Staubzucker bestreut servieren.

Nürnberger Lebkuchen

2 - 3 Eier	70 g gehacktes Orangeat
175 g Zucker	10 g Hirschhornsalz, in 2 - 3 EL Rum aufgelöst
250 g flüssiger Honig	
abgeriebene Schale einer 1/2 unbehandelten Zitrone	300 g Weizenmehl
	300 g Roggenmehl
1/2 EL Zimt	100 g gehackte Mandeln
1/2 TL Nelkenpulver	50 - 60 g halbierte Mandeln
70 g gehacktes Zitronat	

● Eier und Zucker in eine hohe Rührschüssel geben und am besten mit dem Elektroquirl sehr schaumig schlagen. Nach und nach den etwas angewärmten und damit flüssig gewordenen Honig unterrühren. Zitronenschale, Zimt, Nelkenpulver, Zitronat,

Orangeat und gehackte Mandeln hinzugeben. Kräftig unterrühren.

● Das in Rum aufgelöste Hirschhornsalz sowie die beiden durchgesiebten Mehlsorten hinzufügen und alles zu einem nicht zu festen Teig verarbeiten. Diesen mindestens eine Stunde lang zugedeckt ruhen lassen.

● Das Backrohr auf 170 - 190° C vorheizen.

● Das Backblech einfetten oder mit Backpapier auslegen. Den Teig darauf geben und ca. 1 cm dick verstreichen.

● Mit halbierten Mandeln dekorativ belegen und in ca. 20 - 25 Minuten backen. Ausgekühlt in Stücke schneiden.

Maiwein

2 Flaschen trockener, weißer Frankenwein à 0,7 l

1 Bund frischer Waldmeister

1 Flasche trockener Sekt

● Den gut gekühlten Wein in ein großes Bowlengefäß geben. Den Waldmeister gründlich unter kaltem Wasser abspülen, dann mit Küchenpapier trockentupfen, zusammenbinden und mit den Blattspitzen nach unten in den Wein geben.

● Nach ca. 30 - 40 Minuten herausnehmen, einmal umrühren und mit eisgekühltem Sekt auffüllen.

Im Bocksbeutelland

Auf den kalkhaltigen Böden des fränkischen Weinlandes bewirtschaften etwa 170 Winzer eine Rebfläche von ca. 3000 Hektar. Der meist trockene, kernige Frankenwein genießt unter Kennern den Ruf, ein besonders edler Tropfen zu sein. Er wird wegen seiner Qualität und seines charakteristischen, fruchtig-herben Geschmacks hoch geschätzt Die typische Weinflasche der Region ist der Bocks-

beutel, der bereits 1659 erstmals urkundlich erwähnt wurde. Er ist dem Wein aus Franken und dem badischen Taubertal vorbehalten. In Weinfranken – dem Anbaugebiet im Maintal – werden vorwiegend Müller-Thurgau, aber auch Silvaner und in guten Lagen Riesling angebaut. Zwischen Spessart und Odenwald gedeihen die besonders geschmackvollen Sorten des Früh- und Spätburgunders. Die drei größten Weingüter Frankens befinden sich rund um Würzburg, von denen das weit über die Stadtgrenzen hinaus bekannte „Bürgerspital" bereits seit dem Jahre 1319 besteht.

Die Weinbauern nennt man in Franken auch „Häcker". Sie pflegen in mühevoller Arbeit die Rebstöcke an den Hängen des Mains und keltern im Herbst den köstlichen Wein. Eine kräftige Mahlzeit mit knusprig frischem Brot, schmackhafter Wurst und saftigem Schinken wird daher vielerorts auch

als „Häckerbrotzeit" bezeichnet.
Von Randersacker über Eibelstadt und Sommerhausen bis nach Ochsenfurt führt die berühmte „Bocksbeutel-Straße" durch eine Region, in der bereits seit über 1200 Jahren Wein kultiviert wird.

Fränkisches Bier

In Franken wird jedoch nicht nur Wein angebaut, sondern auch seit über 500 Jahren ein hervorragendes Bier gebraut. Das dunkle, obergärige „Schlenkerla"-Rauchbier ist eine besondere Bamberger Spezialität, welches seinen typisch rauchigen Geschmack dadurch erhält, daß die Gerste über offenem Holzfeuer zu Malz geröstet wird.

Der Ausschank befindet sich in einem alten, gemütlichen Fachwerkhaus aus dem Jahre 1678, mitten in der Altstadt Bambergs.

Ein anderer, bekannter Brauerei-Standort ist die Stadt Kulmbach in Oberfranken. Das dort hergestellte, würzige Bier wird „Eisbock"

genannt und zählt weltweit zu den stärksten Sorten. Bei der Produktion nutzt man ein besonderes Gefrierverfahren, welches dem Bier Wasser entzieht und somit seine Geschmacksbestandteile konzentriert. Weitere, bekannte Städte an der „Fränkischen Bierstraße" sind beispielsweise Nürnberg, Fürth, Roth und die kleine Hopfenstadt Spalt. Der dort kultivierte Hopfen ist wegen seines hervorragenden Aromas weit über die Landesgrenzen hinaus bekannt.

Neben den großen, bekannten Brauereien existieren in Franken etwa 600 kleine Hausbrauereien mit einer ganz und gar außergewöhnlichen Sortenvielfalt.

Zu den Rezepten:

Die Temperaturangaben sind Richtwerte, die je nach Herdtyp abweichen können. Möchten Sie das jeweilige Rezept mit Heißluft zubereiten, so stellen Sie ca. 20° C niedriger ein. Die Backzeiten bleiben in der Regel gleich. Bitte vergleichen Sie die Temperaturangaben vorab mit denjenigen in der Gebrauchsanweisung Ihres Herdes und stellen Sie ggf. etwas höher oder niedriger ein.

Zum Gebrauch des Buches:

Bitte beachten Sie folgende Abkürzungen bei den Rezepten:

EL	Eßlöffel
TL	Teelöffel
Msp	Messerspitze
g	Gramm
kg	Kilogramm
l	Liter
cl	Zentiliter
geh.	gehäuft
gem.	gemahlen
ger.	gerieben
gestr.	gestrichen
Pa	Päckchen

Bildnachweis

Landratsamt Würzburg: 1, 2
l'Eveque H. Bischof, München: 12, 26/27, 38, 60, 78
Alpensahne/Ketchum PR, München: 10
Fotostudio Teubner, Füssen: 14, 33, 35, 45, 62
Fotostudio Sattelberger, Füssen: Titel, 17, 41, 54/55, 75
Butterschmalz/Komplettbüro, München: 20/21, 28
Gusto, Wien: 23, 74
Langnese-Iglo: 31, 43
R. Bosch Hausgeräte GmbH, München: 46, 48
Thomy/Komplettbüro, München: 50
CMA/IPR&O, Bonn: 68/69
Landesverb. d. Bayer. Milchwirtschaft: 66
CMA/Ketchum PR, München: 70
Kal. Rosinen/Komplettbüro, München: 72
Ulrich Düllo: 25
Werner Spichty: 5

Autorin und Verlag danken den oben genannten Unternehmen für die umfangreiche und freundliche Bereitstellung des Bildmaterials.

Lektorat: Ursula Calis, München
Design & Produktion: Verlagsbüro Fritz Petermüller, Siegsdorf
Satz: Agentur für Satz & Typographie, Grassau
Lithos: ColorLine, Verona

Verlagsnummer: 1715
ISBN 3-85491-839-9
© **KOMPASS-Karten GmbH**
6063 Rum/Innsbruck, Österreich
Fax 0043 (0)512/26 55 61-8
e-mail: kompass@kompass.at
http://www.kompass.at
2005

Spezialitäten!

KOMPASS *Küchenschätze*